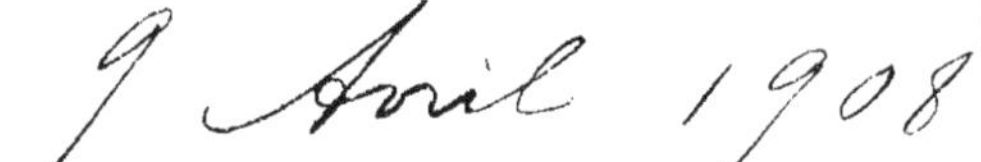

VENTE

Des Jeudi 9 et Vendredi 10 Avril 1908

HOTEL DROUOT, SALLE N° 11

A DEUX HEURES

BEAU

MOBILIER ARTISTIQUE

Styles Renaissance et Louis XVI

Ayant été fourni par la **Maison WARING et GILLOW**

ANCIENNES PORCELAINES DE CHINE

Bijoux, Argenterie, Bronzes

TABLEAUX — MINIATURES

TAPIS ANCIENS D'ORIENT

Me GEORGES NORMAND
COMMISSAIRE-PRISEUR
41, rue de la Victoire

M. ARTHUR BLOCHE
EXPERT PRÈS LA COUR D'APPEL
52, rue de Châteaudun

EXPOSITION PUBLIQUE

Le Mercredi 8 Avril 1908, de 2 heures à 6 heures

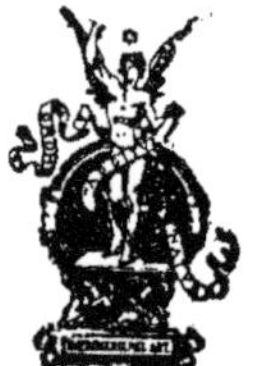

CATALOGUE

D'UN BEAU

Mobilier Artistique

STYLES RENAISSANCE ET LOUIS XVI

AYANT ÉTÉ FOURNI

Par la Maison Waring et Gillow

PIANO, PIANOLA, de John Broudwood et Sons de Londres

ANCIENNES PORCELAINES DE CHINE ET FRANÇAISES

Bronzes, Sculptures, Argenterie, Bijoux

TABLEAUX, MINIATURES, GRAVURES

TAPIS ANCIENS D'ORIENT, TENTURES

DONT LA VENTE AURA LIEU

HOTEL DROUOT, SALLE N° 11

Les Jeudi 9 et Vendredi 10 Avril 1908, à deux heures

PAR LE MINISTÈRE DE

Me GEORGES NORMAND, COMMISSAIRE-PRISEUR

41, rue de la Victoire, 41

ASSISTÉ DE

M. ARTHUR BLOCHE, EXPERT PRÈS LA COUR D'APPEL

52, rue de Châteaudun

EXPOSITION PUBLIQUE

Le Mercredi 8 Avril 1908, de deux heures à six heures

CONDITIONS DE LA VENTE

Elle sera faite expressément au comptant.

Les adjudicataires paieront *dix pour cent* en sus des enchères.

L'exposition mettant le public à même de se rendre compte de l'état et de la nature des objets, aucune réclamation ne sera admise une fois l'adjudication prononcée.

Paris. — Imprimerie de l'Art, Ch. Berger et Cie, 41, rue de la Victoire.

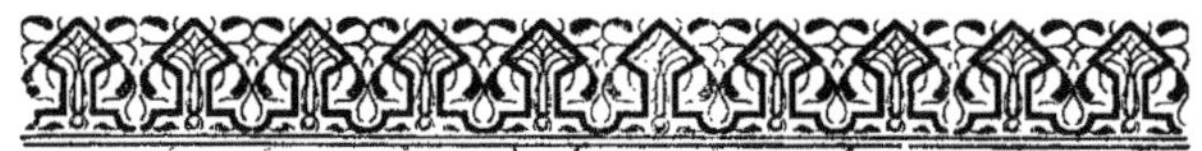

DÉSIGNATION

MOBILIER

1 — Meuble de salon, composé de : un canapé et deux fauteuils en bois sculpté et doré, dessin à rubans enroulés, rais de cœur et feuillages, couverts en tapisserie d'Aubusson, à bouquets de fleurs entourés de guirlandes sur fond blanc contre fond jaune. Style Louis XVI.

2 — Banquette, forme rognon, dossier à médaillon en bois sculpté et doré, fronton à nœud de rubans, foncée de canne dorée. Style Louis XVI.

3 — Quatre chaises légères en bois sculpté et doré, à médaillons, dessin à perlés et rubans, foncées de canne dorée. Style Louis XVI.

4 — Marquise en bois sculpté, forme à contours, dessin à rubans enroulés et feuillages. Style Louis XVI.

5 — Piano, pianola et orgue, de *John Broudwood et Sons, de Londres*, en palissandre, avec sa banquette, accompagné de cinquante rouleaux, morceaux de musique variés.

6 — Commode à deux tiroirs, forme bombée, en bois de rose et bois des îles, garnie d'un bandeau à guirlandes de vignes entrelacées d'encadrements à rais de cœur, de montants à consoles feuillagées en bronze ciselé et doré; dessus de marbre blanc. Style Louis XVI.

7 — Vitrine à deux portes en bois de palissandre, ornée de bronzes dorés. Style Louis XVI.

8 — Table rectangulaire en bois des îles, dessus marqueté, ornée de bronzes dorés. Style Louis XVI.

9 — Coussin long en soie crème, brodée à fleurs avec franges.

10 — Guéridon rond sur quatre pieds reliés par un croisillon à rubans, avec bandeau ajouré, dessin rosaces et feuillages en bois sculpté, dessus en marbre bleu turquin. Style Louis XVI.

11 — Paravent à trois feuilles en bois sculpté et doré, dessin à rubans enroulés, garni de lampas blanc broché, à guirlandes de roses s'entrecroisant; le haut garni de petites glaces biseautées, gainé de taffetas rose plissé. Style Louis XVI.

12 — Bergère à oreillons en bois sculpté et doré, couverte en soie crème brochée, à fleurs et branchages. Style Louis XV.

13 — Petit écran en bois sculpté et doré, panneau en soie brochée. Style Louis XVI.

14 — Guéridon en bois sculpté et doré ; dessus en marbre. Style Louis XVI.

15 — Petite table en marqueterie de bois, ornée de bronzes. Style XVIIIe siècle.

16 — Guéridon en bois de luxe marqueté. Style Louis XVI.

17 — Meuble-casier à musique en bois sculpté peint en blanc. Style Louis XVI.

18 — Meuble de petit salon : canapé, deux fauteuils et deux chaises en bois sculpté et peint en blanc, couvert en velours ciselé. Style Louis XVI.

19 — Bel ameublement de salle à manger en bois sculpté, de style Renaissance, composé d'un grand meuble à deux corps d'aspect monumental, ouvrant à six portes, offrant en bas-relief des motifs inspirés des cartons de *Jean Goujon* avec colonnes cannelés entre chaque battant, une table ovale avec piétement à colonnes et arcades avec cinq grandes rallonges et deux petites, une desserte à découper et à étagères et douze chaises couvertes en peau brune.

20 — Grande stalle de châtelaine en bois sculpté style Renaissance, avec accotoirs ornés de lions, dossier très haut à motifs variés, flanqué de

chaque côté de statuettes de guerriers, couverte de soie blanche brochée à gerbes fleuries entrelacées et oiseaux.

21 — Paravent à quatre feuilles, en cuir bleu, dessin brun, style Renaissance.

22 — Bureau plat, forme demi-ministre, en chêne ciré, avec garniture et appliques de serrures en fer doré et poli. Style XVIIe siècle.

23 — Grand meuble d'encoignure en chêne ciré, avec ferrures dorées et polies, ouvrant sur une façade à trois portes et sur l'autre à une porte, le bas à étagères est flanqué de colonnes torses. Style XVIIe siècle.

24 — Pupitre à hauteur d'appui formant armoire à un battant dans le bas, en chêne ciré de même style.

25 — Bahut à hauteur d'appui ouvrant à deux portes et à deux tiroirs de même style.

26 — Très beau lit de milieu en bois de citronnier satiné, orné de bronzes ciselés et dorés. Le fond décoré de guirlandes de laurier suspendues à des nœuds de rubans, les encadrements, les cannelures à pointes d'asperges, le fronton à nœuds de rubans et gerbes de feuillages. Les côtés de la façade, arrondis, sont ornés de bronzes analogues, d'une exécution parfaite, de style Louis XVI ; avec sommier et literie.

27 — Table de chevet avec réserve à bourdaloue, forme circulaire, en bois de citronnier satiné, à colonnettes cannelées, ornées de guirlandes, de nœuds de rubans et de rosaces en bronze ciselé et doré ; dessus en marbre onyx d'Algérie. Style Louis XVI.

28 — Guéridon en bois de citronnier satiné, orné de bronzes ciselés et dorés, avec tablette d'entre-jambe à galerie de cuivre; dessus en marbre onyx d'Algérie. Style Louis XVI.

29 — Très belle armoire en bois de citronnier satiné, à côtés cintrés, ouvrant à trois portes garnies de glaces biseautées, ornée de bronzes ciselés et dorés, avec applique électrique à trois lumières au fronton. Style Louis XVI. Intérieur garni de tablettes et de tiroirs à l'anglaise.

30 — Table à coiffer en bois de citronnier satiné avec glace biseautée, forme médaillon, ornée de bronzes ciselés et dorés. Style Louis XVI. Avec deux branches de fleurs disposées pour l'électricité.

31 — Petit bureau de dame en bois de citronnier satiné, orné de bronzes finement ciselés et dorés. Style Louis XVI.

32 — Chaise longue en bois de citronnier satiné, ornée de bronzes ciselés et dorés, couverte en soie blanche damassée semée de bouquets de roses. Style Louis XVI.

33 — Quatre chaises analogues et de même style.

34 — Deux chaises de même style, couverte en velours clair ciselé.

35 — Chaise basse à très haut dossier, en bois de citronnier satiné, ornée de bronzes ciselés et dorés, dessin à guirlandes et nœuds de rubans, couverte en velours clair ciselé. Style Louis XVI.

36 — Chaise en bois de citrònnier ciré, dossier à jour, couverte en velours bleu rayé. Style Louis XVI.

37 — Petite table ovale à ouvrage en bois de citronnier satiné, ornée de bronzes dorés et de médaillons en Wedgwood. Style Louis XVI.

38 — Bergère en bois sculpté et doré, dessin à rais de cœur, perlé, piécettes enfilées et feuillages, couverte et gainée en soie blanche rayée et brochée à bouquets de roses. Style Louis XVI.

39 — Prie-Dieu en bois de citronnier satiné, avec perlé de bronze doré, couvert en même soierie.

40 — Porte-manteaux et parapluies à dos d'âne, style anglais, en bois peint en blanc, à colonnes torses.

41 — Deux petits guéridons peints en blanc, à pieds tors.

42 — Deux petites banquettes de même style, couvertes en velours rouge.

43 — Tabouret en bois sculpté, à figure de faune accroupi portant une coquille.

44 — Canapé et deux fauteuils, forme Henri II, à coussins et dossiers carrés, couverts en peluche rouge garnie de galons et de franges assortis, avec gros clous de cuivre.

45 — Guéridon, de style Louis XVI, en bois sculpté et doré, dessus en onyx, entre-jambes canné.

46 — Table carrée, de style Louis XVI, en marqueterie d'acajou.

47 — Table ronde, de style Louis XVI, en marqueterie d'acajou.

48 — Fauteuil confortable, garni de jaune saumon.

49 — Fauteuil en bois sculpté et doré, recouvert de panne crème brodée.

50 — Bergère en noyer sculpté, de style Louis XVI, garnie de velours frappé.

51 — Bergère en noyer sculpté, partie dorée, garnie de soie de Lyon brochée.

52 — Grande armoire normande en bois sculpté, de style Louis XVI.

53 — Écran en bois, laqué blanc, garni de soierie brochée.

54 — Armoire normande en bois sculpté.

PORCELAINES

DE L'EXTRÊME-ORIENT ET AUTRES

55 — Grand et beau vase en ancienne porcelaine de Chine de la famille rose, décor à paysages fleuris de chrysanthèmes et de pivoines, animés d'oiseaux de paradis, rehaussé d'or, le col et le pied dessin à lambrequins, fond rouge et fond bleu, vermiculé d'entrelacs avec rosaces au centre. — Haut., 52 cent.

56 — Grand et beau vase avec couvercle en ancienne porcelaine de Chine, décor au dragon, en bleu et or sur fond blanc, à semis de fleurs, de papillons et motifs variés en polychrome. — Haut., 60 cent.

57 — Grande et belle potiche en ancienne porcelaine du Japon, à fond craquelé, riche décor, partie fond or à médaillons de différentes formes, offrant des paysages à la pagode avec cours d'eau et des fleurs. Sur le fond se dessine des mosaïques à rosaces et carrelages. Le col fond noir à chimères en furie courant au milieu de fleurs et de feuillages. — Haut., 54 cent.

58 — Grand vase avec couvercle, en ancienne porcelaine de Chine gros bleu fouetté. — Haut., 61 cent.

59 — Deux assiettes en ancienne porcelaine de Chine, fond vert à parterre de feuillages avec fleurs et rinceaux de la famille rose.

60 — Deux vases de Chine, décor à personnages polychrome.

61 — Jardinière, décor à médaillons, fleurs et paysages.

62 — Paire de vases, décor à figures et paysages de Chine.

63 — Paire de vases de Chine avec couvercle, décor en bleu sur blanc.

64 — Paire de vases de Chine, décor en émaux de couleur dans le goût de la famille verte.

65 — Jardinière fond craquelé, décor à personnages.

66 — Garniture de cinq pièces, décor à figures en couleur.

67 — Paire de vases en marbre, montures en bronze doré. Style Louis XVI.

68 — Groupe en biscuit : le Printemps.

69 — Groupe en biscuit : Nymphe et Satyre, d'après *Clodion*.

70 — Deux groupes en biscuit : les Galanteries champêtres.

71 — Vase, forme cylindrique, en vieux Chine, fond blanc craquelé, décor en relief en émaux de couleur, représentant une femme sur un cerf tenant une rose à la main et riant avec deux enfants qui lui présentent un gros fruit.

72 — Vase en vieux Chine, fond céladon, offrant, en bleu et rouge de fer, des dragons en furie.

73 — Vase avec couvercle de Chine, fond noir, décor de pêchers, en fleurs.

74 — Grand plat, à bords côtelés, en vieux céladon.

75 — Plat creux, à bords côtelés, en vieux céladon.

76 — Vase à deux anses en vieux Chine, décor en bleu sur blanc, à fleurs et entrelacs.

77 — Deux chimères de Chine, décor vert, violet et jaune.

78 — Cornet en vieux Chine, de la famille verte, décoré de nombreux personnages dans des paysages, frise et col, dessin à mosaïque.

79 — Jardinière sphérique de Chine, décor à gerbes de fruits.

80 — Brûle-parfums mi-sphérique en vieux Chine, décoré de personnages et de chevaux en bleu sur blanc ; couvercle en bois sculpté.

81 — Statuette de philosophe drapé en ancien grès de la Chine, avec costume et coiffure vert craquelé et brun fleuri.

82 — Deux groupes de chimères porte-lumières, décor vert, jaune et violet.

83 — Vase surbaissé à panse côtelée, décoré de médaillons, objets d'ameublement, en vieux Chine.

84 — Statuette bouddha à longue barbe en vieux Chine, à robe jaune, avec dragon en vert et rose.

85 — Vase à deux anses en vieux Chine, décor fond bleu et paysage à la pagode relevé d'or.

86 — Deux statuettes en vieux Chine : personnages assis en costumes bleu, rose et jaune, formant porte-lumières.

87 — Vase surbaissé en vieux Chine, fond vert avec fleurs et cachets en couleur.

88 — Vase surbaissé en vieux Chine, famille rose, décor à personnages, couvercle bois sculpté.

89 — Figurine en ancien grés émaillé : avare tenant son trésor dans les mains.

90 — Vase surbaissé en vieux Chine, décor paysage en bleu sur blanc.

91 — Groupe en vieux grés de Chine émaillé : personnage à robe verte tenant dans ses bras un enfant.

92 — Groupe en vieux grès de la Chine : Divinité assise avec enfant.

93 — Divinité assise en vieux grès de la Chine, partie émaillée vert et jaune.

94 — Petit vase en vieux Chine, décor partie violet, partie en couleur.

95 — Petit vase en vieux Chine, décor en rouge et noir, avec couvercle en bois sculpté.

96 — Cassolette avec couvercle en vieux Chine, décor fleurs et feuillages en vert et rouge.

97 — Statuette de personnage assis en vieux Chine, décor en bleu et blanc.

98 — Figurine de femme assise en vieux Chine, costume polychrome, manteau à herbages.

99 — Divinité sur socle adhérent en vieux céladon.

100 — Figurine de dignitaire avec robe, décor au dragon vieux Chine, famille rose.

101 — Deux chimères en vieux Chine, décor rose, vert et jaune.

102 — Figurine de femme, portant un fruit, en vieux Chine, en robe verte, à médaillon d'herborisations.

103 — Chimère en vieux Chine, décor jaune.

104 — Figurine de femme assise, en robe bleue à rosaces, manteau à palmiers.

105 — Figurine de personnage assis, costume polychrome, figure et mains dorées.

106 — Divinité assistée de deux enfants en vieux grès émaillé de la Chine vert et brun.

107 — Statuette : personnage s'appuyant sur un bâton en vieux Chine, à tunique noire fleurie et calotte rouge.

108 — Figurine de philosophe, à robe jaune et caractères, en vieux Chine.

109 — Philosophe sur un cheval couché en vieux grès émaillé, tête brique, barbe et costume jaunes.

110 — Statuette de personnage diabolique assis, en robe verte à dessin polychrome, sur socle analogue.

111 — Statuette d'enfant en vieux Chine de la famille verte.

112 — Boudha assis sur son trône, assisté d'un chien de Fo, en vieux grès de Chine émaillé vert et brun.

113 — Figurine de philosophe assis en vieux Chine, décor bleu sur blanc.

114 — Petit vase en vieux Chine, décoré d'objets d'ameublement en bleu, couvercle en bois sculpté.

115 — Petit vase en vieux Chine gris craquelé, décor en camaïeu bleu : objets d'ameublement.

116 — Gourde, à panse aplatie, en vieux Chine, décor bleu-turquoise.

117 — Grand plateau en faïence anglaise, décor en camaïeu bleu, représentant un paysage de l'Inde.

118 — Beau service à café et à thé en ancienne porcelaine de Nast, décor à médaillons d'amours en grisaille, d'après *Boucher;* bordure et encadrement à dessins très délicats en or. Il se compose de : cafetière, théière, pot à crème, sucrier, grand bol et douze tasses avec leurs soucoupes.

119 — Six assiettes en porcelaine de Sèvres, décor à fleurs.

120 — Sucrier en porcelaine, décor bleu-turquoise

BRONZES, ÉMAUX

121 — Vase en cuivre repercé et gravé, décor à personnages dans différentes attitudes, orné de deux anses, avec couvercle. Travail ancien de l'Inde.

122 — Vasque en bronze et émail cloisonné de la Chine, décor fond bleu-turquoise et motifs en couleur.

123 — Paire de vases en bronze et émail cloisonné, décor à lambrequins en couleur sur fond bleu-turquoise.

124 — Cornet en émail peint, à entrelacs fleuris et feuilles d'eau en couleur, sur fond rose. Travail ancien de la Chine.

125 — Bonbonnière en émail peint de la Chine, décor à figures et entrelacs fleuris.

126 — Deux tasses et leurs soucoupes en ancien émail peint de la Chine, décor à sujets européens.

127 — Petite coupe ronde en ancien émail peint de la Chine, représentant deux personnages dans un paysage.

128 — Deux vases en émail cloisonné, décor polychrome du Japon.

129 — Coffret en bronze ajouré, forme châsse. Travail de style gothique.

130 — Médaillon ovale sur porcelaine ; portrait de Marie-Joseph Chénier, d'après *Isabey*. Cadre Empire.

131 — Buste en terre cuite : Diane ; socle en marbre.

132 — Sacoche marocaine en cuir.

133 — Médaillon en terre cuite représentant Franklin. Signé : *Nini*, et daté : *1747*.

134 — Plat en faïence italienne : décor représentant le jugement de Salomon.

135 — Plat en faïence italienne : décor paysage.

136 — Suspension en bronze doré avec trois appliques disposées pour bougies ou pour l'électricité.

137-139 — Coupe à fruits, monture en métal argenté, quatre plats décoratifs et un verre d'eau.

140 — Vase en faïence de Perse, dessins bleus.

141 — Grand vase en émail, à fond bleu, dessins variés, petits personnages et scènes diverses dans les médaillons.

142 — Cache-pot de Perse en cuivre gravé.

143 — Aiguière et vase en cuivre gravé de Perse.

144 — Coupe en cuivre gravé, à petits personnages.

145 — Garniture de foyer en bronze argenté, modèle : lions et personnage tenant un oiseau dans la main.

146 — Pendule en porcelaine à décor de fleurs et rocailles, surmontée d'un personnage.

147 — Pendule Louis XVI en marbre blanc garni de bronze doré, formée par deux colonnes surmontées de boules, la pendule surmontée d'un vase.

148 — Paire de vases en bronze du Japon.

149 — Petite souris en bronze doré sur socle en marbre.

150 — Statuette et buste en albâtre.

151 — Petit vase sur trépied et corbeille en nacre. Monture en cuivre.

152 — Plat et deux assiettes en étain.

153 — Statuette en bronze : *Sapho*. Signée : *J. Pradier*, de la maison Susse.

154 — Bronze représentant un oiseau sur une branche : Signé : *Moignez*.

155 — Quatre bols en porcelaine de Chine, décor à fleurs en bleu et rose.

BIJOUX

156 — Sautoir en or enrichi de trente et une perles fines et de pierres de fantaisie.

157 — Bague or enrichie d'une perle solitaire.

158 — Bague perle, entourage brillants.

159 — Broche composée d'une perle rose et de pierres de couleur.

160 — Sautoir en or.

161 — Montre de dame en or.

162 — Chaîne de cou en platine, enrichie de deux pendentifs ornés de roses.

163 — Broche forme trèfle, ornée de roses.

164 — Épingle, perle entourée de brillants.

165 — Bague, turquoise et brillants.

166 — Bague enrichie d'un brillant et de roses.

167 — Sautoir composé de quatre cent quatre-vingt-deux perles pesant neuf cent vingt grains.

168 — Collier d'un rang de quatre-vingt-dix-sept perles pesant cent six grains et demi.

169 — Épingle de cravate composée d'un rubis d'Orient entouré de brillants.

170 — Épingle de cravate enrichie d'une perle forme poire.

171 — Épingle de cravate formée d'une perle blanche, forme poire.

172 — Collier de deux rangs de corail, avec fermoir monté en or.

173 — Pendentif, forme cœur, tout en brillants ; au centre, un gros brillant, forme poire, monté en goutte d'eau.

174 — Bague en or, ornée de trois saphirs.

175 — Éventail, monture en ivoire.

176 — Bracelet en or, orné de onze brillants et de roses.

177 — Bague en or, ornée d'un saphir entouré de huit brillants.

178 — Bague en or, fleur de lys garnie de brillants et de roses.

179 — Deux petits sautoirs en argent.

180 — Montre de dame en or.

181 — Petit classeur en argent doré.

182 — Épingle de cravate en or, enrichie d'une perle fine grise.

183 — Bague en or et deux perles fines.

184 — Bague en or ciselé, dessin à feuille de vigne.

185 — Grosse montre Empire en bronze doré.

ARGENTERIE, ORFÈVRERIE

186 — Carafe en verre côtelé; monture et bouchon en argent ciselé.

187 — Plat en argent repoussé, décor à baigneuses, marli à fruits.

188 — Quatre pièces de service à thé en argent.

189 — Six cuillères à café en argent.

190 — Douze cuillères à café en argent.

191 — Sucrier en cristal taillé; monture en argent doré. De la *Maison Risler*.

192 — Bénitier en argent, formé par une Vierge; dans le bas, une coquille.

193 — Pince à asperges en argent ciselé, formée par une cuillère et une fourchette.

194 — Douze couteaux de table, manches en argent.

195 — Légumier en métal argenté.

OBJETS DE VITRINE

IVOIRES, ÉMAUX, MINIATURES

196 — Groupe en ivoire, représentant un philosophe et un enfant au milieu de chiens. Travail ancien de la Chine.

197 — Petite pagode en ivoire, avec divinité au sommet et tout autour des gardiens de temples. Travail ancien de la Chine.

198 — Petit groupe minuscule en ivoire ancien, représentant un philosophe au milieu d'animaux.

199 — Cinq netskés, représentant des animaux différents, en ivoire ancien.

200 — Dix sujets variés en ivoire finement sculpté. Travail ancien de la Chine. (Sera divisé.)

201 — Figurine en ivoire, représentant le poète Cha-you, debout, tenant son sabre à deux mains.

202 — Manche d'ombrelle en ivoire sculpté, représentant des singes acrobates montés les uns sur les autres.

203-204 — Deux coupe-papier en jade vert.

205 — Petit groupe de deux figures de Chinois en lapis-lazuli.

206 — Flacon à bétel de lapis lazuli.

207 — Petit vase en aventurine, décoré en bas-relief de feuilles d'eau et de saillies.

208 — Groupe de deux poissons en aventurine sculptée avec parties ajourées.

209 — Petit vase à trois anses, têtes d'éléphants, orné ainsi que le couvercle d'anneaux mobiles en jade vert. Travail chinois.

210 — Poignée de sabre en jade vert gravé.

211 — Petit vase en jade verdâtre.

212 — Petite coupe avec canards à l'intérieur pris dans la masse en agate orientale.

213 — Petit encrier, forme crapaud, en jade vert.

214 — Petit cornet avec branchages ajourés pris dans la masse ; sculpture sur jade vert clair.

215 — Émail peint du XVIIIe siècle, représentant les nymphes surprises par un satyre.

216 — Bonbonnière en porcelaine de Capo di Monte, représentant en relief les Amours astronomes.

217 — Bonbonnière en porcelaine, fond teinté rose, décor à scène galante.

218 — Boite en écaille, couvercle orné d'une miniature : portrait de femme, signée : *Laporis*, cerclée d'or.

219 — Boite en ivoire, couvercle orné d'une miniature : portrait de femme vêtue d'un corsage rouge décolleté.

220 — Grand miniature, représentant une jeune femme debout, coiffure à bandeaux, vêtue d'une robe noire à corsage décolleté et tenant une fleur de la main gauche. Signée : *Passot. 1830.*

221 — Miniature ovale : portrait de bergère tenant un panier de fleurs de la main droite, et une grappe de raisin de la main gauche.

222 — Miniature ovale : portrait de femme, à corsage vert. Signée : *Noël. 1830.*

223 — Miniature ronde : portrait d'homme à gilet ouvert.

224 — Miniature ovale : portrait de Louis XVIII. Signée : *Dignat. 1817.*

225 — Miniature ovale : portrait de femme à corsage noir. Signé : *Luthon. 1836.*

226 — Gouache rectangulaire : bord de rivière.

227 — Miniature ovale Empire : portrait de femme, coiffée d'un turban et vêtue d'un corsage rouge recouvert d'une large draperie blanche.

228 — Miniature ronde : Paysage animé d'un troupeau de bœufs.

229 — Gravure ovale : Mademoiselle Leverd, d'après Isabey, gravée par Mécou.

230 — Petit flacon à odeur en cristal, monture en argent.

231 — Porte-bouquets en verre de Nancy, monture en argent.

232 — Petit encrier en cristal et bronze doré, avec boîte à timbres.

233 — Nécessaire de bureau en argent, composé de : boîte à timbres, cachet, coupe-papier, ouvre-lettres, porte-plumes, etc.

234 — Boîte à timbres en bois, mosaïque de Carlsbad.

235 — Deux boucles anciennes en argent ciselé.

236 — Châtelaine en or trois tons finement ciselé.

237 — Décoration asiatique formée d'une plaque de jade sculptée et ajourée.

238 — Statuette de monstre en pierre de lare.

239 — Petit groupe en porcelaine de Saxe.

240 — Deux petits éléphants en ébène, défenses en ivoire.

241 — Garniture de bureau en bronze, composée de quatre pièces.

242 — Éventail brodé de Chine.

243 — Petite bonbonnière en écaille, dessus et côtés sculptés.

244 — Deux assiettes et une coupe en porcelaine de Paris, décors variés.

ARMES, OBJETS DIVERS

245 — Fusil de chasse.

246 — Carabine-revolver à six coups, canon en acier bruni.

247 — Métier à broder, grand modèle.

248 — Grands vitraux de fenêtre, émaux grand feu.

249 — Machine à écrire « Remington. »

250 — Machine à écrire « La Lambert. »

TABLEAUX

COROT (J.-B. CAMILLE)

251 — *Torrent dans la Roche Civita Castellana.*

Toile. Haut., 35 cent.; larg., 48 cent.

Cachet de la vente Corot à droite, au verso. Cachet de l'atelier Corot en cire rouge.)

COURBET (GUSTAVE)

252 — *Bord de rivière, fond de vallée.*

Toile. Haut., 35 cent.; larg., 45 cent.

Signé : *G. Courbet*, à droite.

COURBET (Attribué à)

253 — *Le Ravin.*

DECAMPS (Attribué à)

254 — *Chevaux arabes.*

FLEURY

255 — *Portrait de Dame en costume bleu Empire, décolleté.*

GOUPIL (L.)

256 — *La Femme au perroquet.*

Signé.

GRANVILLE ET TRAIRES

257 — *Deux caricatures politiques en couleur.*

JOURDEUIL

258 — *Vue de village dans les Alpes.*

Panneau.

LAGUÉPIES

259 — *Environs de Villennes.*

Panneau.

LEBRUN (D'après)

260 — *L'Abandonnée.*

LÉPINE (S.)

261 — *Bord de rivière.*

Dessin.

262 — *Pécheur au bord de la mer.*

Dessin. Cachet de la vente.

LESUEUR (Attribué à)

263 — *Descente de Croix.*

Grisaille.

MADELIN

264 — *Vues de Paris.*

Deux pendants.

MIGNARD (Attribué à)

265 — *Portrait de la duchesse de Conti à l'âge de vingt ans.*

RODRIGUEZ

266 — *La Coquette.*

SCHERER (D'après Bailly)

267 — *Dix Caricatures en couleur. Scènes diverses.*

SEUROT

268 — *Attelage à deux chevaux.*

Fusain.

VAN ARTOIS

269 — *Paysage animé.*

VAUTHIER

270 — *La Seine à Courbevoie.*

ÉCOLE ANCIENNE

271 — *Combat contre les Maures.*

ÉCOLE BELGE

272 — *Portrait d'un Mousquetaire assis.*

ÉCOLE FRANÇAISE

273 — *Tête de Jeune Femme.*

Pastel.

ÉCOLE FRANÇAISE (XVIIIe siècle)

122 274 — *Portrait de Jeune Femme.*

ÉCOLE FRANÇAISE

275 — *Portrait d'un Donateur.*

ÉCOLE FRANÇAISE (XVIIIe siècle)

276 — *Portrait de Dame de qualité.*

ÉCOLE ITALIENNE

277 — *Toile décorative.*

ÉCOLE ITALIENNE

278 — *Le Partage du butin.*

ÉCOLE ITALIENNE

279 — *La Décollation de saint Jean-Baptiste.*

ÉCOLE ITALIENNE

280 — *Présentation de Jésus-Christ au Temple.*

ÉCOLE ITALIENNE

281 — *Les Trois Archanges.*

ÉCOLE MODERNE

282 — *Tête de Femme.*

Pastel.

WATTEAU (D'après)

283 — *Têtes de Personnages.*

Étude des principaux tableaux du Maître.
Douze gravures par FILLEUL.

ECOLE FRANÇAISE (XVIIIe siècle)

284 — Suite de gravures pour modèles de fauteuils, tapisserie et autres sujets.

HUET (D'après)

285 — *Le Plaisir innocent, le Mouton chéri, la Chasse à l'oiseau, les Lapins.*

Quatre gravures en couleur, par A. Demarteau et par Bonnet.

FRAGONARD (D'après)

286 — *La Cachette découverte. J'y passerai.*

Deux gravures, par De Launay.

HUET (D'après)

287 — *Paysage.*

Deux gravures à la sanguine.

288 — Cadres à miniature.

289 — Un grand cadre doré.

TENTURES, TAPIS

290 — Paire de rideaux avec bonnes grâces en damas de soie jaune.

291 — Tapis de salon d'Aubusson, fond rose et blanc, médaillon à fleurs, encadrements à rinceaux fleuris. Style Louis XVI.

292 — Paire de grands rideaux en soie crème brochée, à entrelacs fleuris et oiseaux. Style Renaissance.

293 — Dessus de piano en damas de soie jaune, richement brodé, encadré de peluche de même ton, garni de franges et doublé de satin rose.

294 — Tapis de prière ancien, fond vert, de Perse.

295 — Tapis de prière ancien, fond rouge, de Perse.

296 — Tapis ancien de mosquée Roula, dessin archaïque.

297 — Tapis ancien de Perse, très fin, dessin à animaux et oiseaux sur fond crème.

298 — Grand tapis persan du XVIIIe siécle, fond rouge, dessin polychrome.

299 — Beau tapis ancien, de soie à dessin très fin.

300 — Grand tapis de Smyrne, à fond rouge, dessins polychromes.

301 — Tapis-chemin, dessins variés, encadrement à fond gris.

302 — Petit tapis d'Orient, fond bleu velouté.

303 — Tapis de Perse Gardès, à fond rouge et médaillon au centre.

304 — Petit tapis d'Orient, à fond crème.

305 — Paire de rideaux en velours rouge grenat, encadrement en peluche verte.

306 — Pièce d'étoffe en soie Louis XVI, à rayures bleues et blanches et semis de fleurettes.

307 — Deux couvre-lits en broderie de Venise.

308 — Trois stores en broderie.

309 — Deux chemins de table en dentelle de Venise.

310 — Petit tapis de prière, fond vert, dessins en couleurs. Perse, XVIe siècle.

311 — Tapis Choumak, dessin polychrome.

312 — Tapis-chemin de Perse à petits dessins.

313 — Tapis ancien d'Orient, dessin à motifs variés.

314 — Dessus de table en soie brodée de Chine.

315 — Rideau en soie brodée.

316 — Tapis de prière en soie, dessin très fin de Perse.

317 — Objets variés.

AUTOMOBILES

318 — Voiture automobile *Ravel et Homsyer* (Saint-Étienne), moteur Gnôme, 4 cylindres, 12-16 HP, carrosserie double phaéton, garniture cuir, entrée latérale par baquets basculants.

Phares, lanternes, accessoires.

319 — Tonneau Darracq 1902, 9 HP. Capote et dais. Pneumatiques de rechange.

Les Automobiles seront vendus dans la Cour de l'Hôtel, le Jeudi 9 avril, à quatre heures.

(*Exposition avant la Vente.*)

www.ingramcontent.com/pod-product-compliance
Ingram Content Group UK Ltd.
Pitfield, Milton Keynes, MK11 3LW, UK
UKHW020509180726
13839UKWH00004B/1995

9 782329 600635